"قنفوذ" له ..؟

....

س 2: ماذا طلب منه والداه ، أن يوصل لعمّته ..؟

....

س 3: من كان يراقبه خلف الشجرة ..؟

....

س 4: ما هي المساعدة التي طلبها الثعلب منه ..؟

....

س 5: ماذا قال له الثعلب حين أصبح في الحفرة ..؟

....

س 6: ماذا تستفيد من هذه القصة ..؟

....

حكايات غابة الأصدقاء

احذر الغرباء يا قنفود

سليم أحمد حسن

www.alrowadpub.com

كانَ "قُنفوذ "الصَّغير، يَعيشُ معَ والدَيْهِ في الغابةِ، وَكانَ يُحبُّ الخُروجَ كَيْ يَلْعبَ بَعيدًا عن المَنْزِلِ. ولكنَّ والدَيهِ كانا يخافانِ عليهِ، ولا يسمحان لهُ باللَّعبِ إلاَّ حَوْلَ المَنْزِلِ. ولَمْ يكُنْ ذلِكَ يُعْجِــبُهُ.!

ظلَّ قنفوذ يكرِّرُ رغبَتَهُ تلكَ لوالدهِ الذي قالَ لهُ: نحنُ نخافُ عليكَ، وخاصةً من الغُرَبـــاء، فإذا التقيْتَ يوما بواحدٍ منهم، فلا تأمَنْ له، ولا تستجبْ لما يطلبُ منك. ففي ذلك سلامَتُك.

وذاتَ صباحٍ ، طلبَ والداهُ منهُ، إيصالَ سلّةٍ منَ الطعامِ إلى منزل عمّتِهِ، ففرحَ كثيرًا، وَحملَ السّلة، وانطلقَ خارجًا، دونَ أن ينتظِرَ سماعَ نصائحِهِما، وهوَ يقول: أعرفُ كلَّ شيء..سأكونُ حذِرًا..!

سارَ قنفوذ في الغابةِ ، وهو يقفزُ ويرقصُ ويُغنّي، أخيرًا تحقّقَ ما كانَ يحلُمُ بهِ .! ولكنهُ حينَ ابتعدَ عن منزلهِ، وشعرَ أنّهُ وحيدٌ، بدأ الخوفُ يَتَسَرَّبُ إلى نفسهِ.

استمرّ قنفوذ في طريقه، صممّ أن لا يتراجعَ أبدًا، تذكّر أنَّ والدتهُ
قد أعدّت لهُ شطيرةً يأكلها في الطريق، فتناول الشطيرةَ وراح يأكل،
دونَ أن ينتبهَ أنّ هناك مَنْ يراقبهُ.

كان الثعلبُ الماكرُ، خلفَ شجرةٍ قريبةٍ، وحين رأى السّلةَ في يدِ قنفوذ، طمعَ بوجبةٍ لذيذةٍ شهيةٍ. وبدأ يفكِّر بالحيلةِ المناسبة التي تُمكنهُ من الحصول على السّلةِ.

اقتربَ الثعلبُ من قنفوذ، وراحَ يسألُهُ عن اسمهِ، وماذا يحمل.؟

وإلى أينَ يذهب.؟ فقالَ لهُ قنفوذ: أنت غريبٌ، فأنا لا أعرفك.!

وقد أوصاني والديَّ أن أحْذرَ الغرباءَ، وأن لا أستجيبَ لِما يَطلبون.

قال الثعلبُ: أنا لستُ غريبا يا صغيري، إنّ كلَّ حيوانات الغابةِ تعرِفُني، فأنا صديقُ الجميع، بما في ذلك والدك.! وكُلُّ أَصدِقائي هَؤلاء، ينادونَني " الثعلب الطيِّب ".

تابعَ الثعلبُ: ولقد أتيتُ إليكَ
أطلبُ مساعدةً بسيطةً، ولا أظنكَ
لا تُحِبُّ عملَ الخيرِ، وأنتَ الصغيرُ
الطيِّبُ الكريم.! فوافقَ قنفوذ على
تقديمِ المساعدةِ للثعلب.

وصلَ الثّعلبُ وقنفوذ إلى حفرةٍ عميقةٍ، يستعملُها سكّان الغابةِ لرميّ
القمامةِ والأشياءِ التّالفة، وأشار الثّعلبُ إلى عربةِ أطفالٍ، وقال لقنفوذ:
هذه العربةُ لطفلي الصّغير، سقطتْ في الحفرة.

وأرجوكَ مساعدتي، انزلْ إلى الحفرةِ، وسأقومُ برفعكَ ورفعِها،
وحين نزلَ قَنفوذ إلى الحفرة، قالَ الثعلبُ ضاحكًا: شكرًا على
الوجبةِ الشهيّةِ، ألمْ يقلْ لك أبوكَ أنْ تحذرَ الغرباء .؟

وتابعَ الثّعلبُ: واعلمْ أيها الصّغيرُ، أنني لَستُ متزوِّجًا، وَلَيس عندي وَلدٌ، سَتَنامُ الليلةَ في هذه الحُفرةِ، وتَحلمُ أَحلامًا مزعِجةً، أمّا أَنا، فَسأَنامُ في بيتي ، بعدَ عَشاءٍ لَذيذ.

ندمَ قنفوذ كثيرًا، لأنـّـهُ خالفَ وصيّةَ والديهِ، وجلسَ في الحفـــرةِ، خائفًا، حزينًا، باكيًا. لا يدري ماذا يفعل.؟ وحينَ حلَّ المساءُ، وَبدأَ يشتدَّ الظلامُ، ازدادَ خوفهُ، وارتفعَ صراخُهُ مُناديًا أمّهُ.

وسمعَ والداهُ اللذانِ خَرَجا لِلبَحثِ عنهُ، صَوتَ صُراخهِ وبكائِهِ العالي، فَوصَلا إِليهِ وأنقذاهُ. وحين قصّ عَليهِما ما حَصلَ مَعه، قالَت لهُ أمهُ: مَنْ لا يتبعْ نصيحةَ والديهِ، يَلقَ الندمَ يا قَنفوذ..!